REVANCHE

ET

RELÈVEMENT

TRAVAIL. — JUSTICE. — ARBITRAGE.

Exposé de situation fait aux Adhérents de la Ligue Internationale et Permanente
de la Paix par le Comité-Directeur

Prix : 1 franc

PARIS

LIBRAIRIE FRANKLIN

HENRY BELLAIRE, ÉDITEUR

71, RUE DES SAINTS-PÈRES, 71

PICHON ET Cie	**GUILLAUMIN ET C**ie
11, RUE CUJAS, 11	14, RUE RICHELIEU, 14

1872

REVANCHE

ET

RELÈVEMENT

EXPOSÉ DE SITUATION

AUX MEMBRES DE LA

LIGUE INTERNATIONALE ET PERMANENTE DE LA PAIX

Paris, Janvier 1872.

Vous étiez, *avant la guerre*, de ceux qui, dans l'espoir de contribuer à écarter la guerre, avaient donné leur adhésion à la LIGUE INTERNATIONALE ET PERMANENTE DE LA PAIX.

Êtes-vous, *après la guerre*, disposé à maintenir cette adhésion ou à la retirer? Êtes-vous de ceux qui, en présence des œuvres de la guerre et de leurs conséquences, regrettent les efforts auxquels ils ont pu prendre part antérieurement pour la combattre? êtes-vous de ceux qui ne regrettent que l'insuffisance de ces efforts et leur peu de succès? Nous l'ignorons, car depuis dix-huit mois nos rapports avec vous sont interrompus, et nous croyons de notre devoir de vous le demander.

Il ne sera pas hors de propos, peut-être, en vous adressant cette question de vous dire quelle a été, depuis nos dernières communications, quelle est, en ce moment même, la situation matérielle et morale de l'œuvre à laquelle vous vous étiez associé; quel sens, par conséquent, et quelle portée peut avoir votre réponse, affirmative ou négative.

I

Il y a deux ans, vous vous le rappelez, nous nous félicitions, — nous paraissions en droit de le faire, — du progrès des idées dont nous essayions de seconder la vulgarisation. Un vent d'apaisement semblait souffler à l'envi sur le monde. Partout, sous l'influence de relations croissantes, les animosités nationales tendaient à s'effacer;

et partout, dans les campagnes aussi bien que dans les villes, les populations, jadis engouées de la politique traditionnelle de conquête et de prépondérance, réservaient leur faveur pour cette politique nouvelle, qui n'attend la prospérité des peuples que de leur travail et de leur union dans le travail. L'allégement des charges militaires, considérées à la fois et comme une gêne et comme un danger, était à l'ordre du jour dans les diverses régions de l'Europe. C'était le mot d'ordre qu'avaient dû prendre, pour se faire accepter, tous les membres du Corps législatif de France (1); et c'était celui qu'en vue des élections prochaines, commençaient à être contraints de prendre à leur tour les membres les plus marquants des assemblées allemandes et prussiennes (2). Déjà, à la suite de motions présentées successivement par quelques-uns d'entre eux, d'imposantes minorités, des majorités même, s'étaient, dans plus d'une de ces assemblées, prononcées en ce sens (3). Et l'on commençait à entrevoir le moment où, saisis à la fois de cette question si grave, et donnant par leur accord satisfaction aux vœux presque unanimes de l'opinion, tous les Parlements, sans exception, allaient mettre les gouvernements en demeure de réduire simultanément leurs armements et de rendre à l'agriculture, à l'industrie, au commerce, avec la sécurité dont ils étaient avides, l'or, le fer et les bras qui leur faisaient trop manifestement défaut.

Telles étaient, du moins, les espérances dont se repaissaient beaucoup d'entre nous, et telles étaient celles qu'au mois de mai 1870, à la grande assemblée annuelle de la *Société de la Paix* de Londres, croyaient pouvoir exprimer la plupart des orateurs (4).

Cependant à ces espérances, vous ne l'avez pas oublié, se mêlaient des appréhensions sérieuses. A côté des symptômes favorables, des signes menaçants subsistaient. Et dans cette assemblée même,— vous pouvez le constater dans le volume qui vous a été adressé en novembre dernier (5), — nous croyions devoir déclarer que tant que le signal de ce désarmement nécessaire ne serait pas donné, tant que l'arbitrage, depuis si longtemps réclamé, ne serait pas formellement passé dans le droit international, « *toute sécurité, tant intérieure qu'extérieure,*

---

(1) V. à ce sujet le discours de M. Frédéric Passy à Londres, le 17 mai 1870, dans la 11ᵉ livraison de la BIBLIOTHÈQUE DE LA PAIX, *Un meeting à Londres.*

(2) V. la circulaire du 14 juillet 1870.

(3) Mêmes documents. V. aussi les correspondances d'Allemagne du *Temps*, de 1869 et 1870, sur les nouveaux antimilitaristes allemands.

(4) *Un meeting à Londres.*

(5) *Un meeting à Londres.*

demeurerait précaire. » L'Europe, disions-nous, comme un corps qui porte en lui une maladie organique toujours prête à éclater, restait, en dépit des aspirations des peuples et des déclarations des gouvernements, à la merci du premier incident diplomatique ou du premier caprice d'un ministre ou d'un souverain.

« Ce que nous n'avions cessé de prédire est arrivé, » comme l'ont si bien dit, dès juillet 1870, nos amis de la *Société de la Paix* de Londres (1); et l'Europe, pour des différends *« qui n'auraient pas mérité d'arrêter une demi-heure un homme raisonnable* (2), sur des susceptibilités d'étiquette qui se sont trouvées, en fin de compte, n'avoir été soulevées que par de faux rapports et des notes mensongères (3), a été précipitée dans la plus effroyable lutte.

II

Notre devoir, aussitôt que se sont fait entendre les premiers bruits précurseurs de l'orage, était d'en appeler, par tous les moyens en notre pouvoir, au bon sens public. Nous l'avons fait, autant que nous le permettaient et l'état de dispersion dans lequel nous surprenait cette crise, et le peu de temps qui nous fut laissé avant le jour des paroles irréparables, et les bruits plus forts qui empêchaient d'entendre nos réclamations (4). Notre circulaire du 14 juillet 1870, la dernière que nous ayons pu vous adresser, vous a (si elle vous est parvenue) porté la preuve de nos efforts et aussi de leur peu d'efficacité.

Impuissants, nous ne le voyions que trop, à faire, comme il l'aurait fallu, « *le plébiscite de la paix*, » nous crûmes devoir, en présence de la rapidité des événements, tenter une dernière voie. Au nom de l'humanité, au nom de la religion, au nom de la prudence même, nous pouvions, sans manquer en rien à la réserve qui, en matière politique, était notre loi, en appeler aux souverains en personne, seuls arbitres à cette heure suprême, seuls responsables dès lors, du sort de tant de millions d'hommes. Nous le fîmes. Le 18 juillet, tandis que, ailleurs et sous d'autres formes, d'autres avertissements étaient répétés, une

(1) V. leur admirable adresse; la traduction en a été donnée par nous au *Journal des Économistes*, n° d'août 1870. V. dans le même numéro l'article intitulé : *Le Dîner du club Cobden.*

(2) Expressions tirées de l'*Adresse* des ouvriers anglais.

(3) Il est établi aujourd'hui qu'il n'y a pas plus eu d'insulte de la France à la Prusse que de la Prusse à la France.

(4) V. entre autres notre *protestation* datée du 9 juillet et insérée dans le *Temps* du 14.

lettre (publiée depuis) fut adressée simultanément, en notre nom, par l'un de nous, le pasteur Martin Paschoud, à l'Empereur des Français, encore aux Tuileries, et au roi de Prusse.

Cette lettre, connue de peu de personnes alors (1), semblait bien faite pour toucher toute âme à laquelle n'aurait pas fait absolument défaut la faculté de revenir sur elle-même. Nous ignorons quelle impression elle produisit sur les destinataires ; nous ne savons même si elle fut mise sous leurs yeux. Rien, du moins, n'avait été négligé pour qu'elle leur parvînt sûrement et sans délai.

Six semaines plus tard, à la suite d'une série de désastres sans exemple, le premier de ces destinataires était déchu et prisonnier. Le second, un pied sur le sol de l'Allemagne victorieuse, l'autre sur la lisière de la France vaincue, n'avait, pour mériter les acclamations du monde et consommer son triomphe en éteignant à jamais tout ressentiment entre les deux peuples, qu'à accepter la rançon de la France, prête à payer, « *de tout l'argent qu'elle possédait* (2), » les frais de cette guerre qu'elle n'avait pas voulue. La sagesse le lui paraissait commander ; et sa parole, solennellement engagée à la face du ciel et de la terre, lui en faisait un devoir. Nous ne voulûmes pas admettre qu'il pût l'avoir oublié ; et deux jours après la chute de l'empire, une lettre collective, signée de ceux d'entre nous dont il avait été possible de réunir les noms, partait pour le quartier général. Vous en avez pu connaître les termes, qui furent généralement approuvés (3), ainsi que ceux de la dépêche envoyée, dès la veille, à la reine de Prusse, qui plus d'une fois, en d'autres temps, nous avait autorisés à la regarder comme une de nos plus ferventes associées. Vous avez connu aussi les réponses : celle de la reine a été publiée ; celle du roi fut *la guerre d'invasion* aussitôt substituée à *la guerre de défense*.

Nous ne pensâmes pas, même en face de cette invasion commencée, avoir épuisé ce que nous devions tenter ; et, notre lettre à peine partie, nous songions à l'appuyer par une démarche personnelle plus pressante et plus significative. Peu de jours après, dès le 10 septembre, une députation, dans laquelle entraient, avec plusieurs d'entre nous, quelques personnages dont le nom et la situation commandaient le

---

(1) Nous la fîmes aussitôt tirer à plusieurs milliers d'exemplaires ; les événements en arrêtèrent la distribution. Voyez, à la fin de ce *Bulletin*, l'annexe n° 2.

(2) Offre de M. J. Favre à M. de Bismarck, *selon les propres expressions de M. de Bismarck*, dans sa réponse officielle au *Rapport* sur l'entrevue de Ferrières.

(3) Ces documents se trouvent à la fin de ce *Bulletin* comme annexe à cette *Circulaire*.

respect, était prête à se porter, sans autre mission que celle qu'elle tenait de sa trop juste douleur et de ses appréciations plus justes encore, au-devant de celui qui avait en ses mains les destinées de l'Europe. Une telle mission, évidemment, n'avait aucun caractère politique. Elle ne pouvait même, en aucune sorte, être qualifiée de *négociation*. C'était notre faiblesse ; c'était aussi notre force. Un représentant officiel du gouvernement français devait se trouver, dès la première parole, aux prises avec les arguments et les prétentions de la diplomatie prussienne. Un archevêque, un grand rabbin, des pasteurs, des philanthropes n'avaient ni à aborder la discussion sur ce terrain ni à l'accepter. Ils venaient, au nom de tout ce qui est sacré devant les hommes, faire appel à la modération, à la sagesse, à la générosité présumée du vainqueur. Ils venaient, par leur présence seule, faire lever dans son intelligence et dans son cœur toutes les voix, pour un moment étouffées par d'autres voix peut-être, qui pouvaient lui parler de sa responsabilité présente et future, de sa responsabilité d'homme et de sa responsabilité de roi. C'était tout, et c'était assez.

C'était assez, du moins, pour que la démarche nous parût devoir être essayée ; et c'est assez pour que, dix-huit mois écoulés, nous regrettions plus amèrement que jamais les obstacles, inutiles à rappeler ici, mais matériellement insurmontables, qui rendirent impossible, au dernier moment, le départ espéré.

Depuis ce jour, et pour de longs mois, nous n'avions plus qu'à pleurer sur les maux de la guerre, ou à donner, quand nous le pouvions, quelque adoucissement aux douleurs individuelles. Bon nombre d'entre nous ne cessèrent pas pourtant, par des voies diverses, de protester contre les hallucinations d'une politique qui s'obstinait à acheter, au prix de l'honneur et du sang de l'Allemagne, la barbare satisfaction d'écraser et d'enfiévrer la France, de ruiner le présent et d'envenimer l'avenir. Quelques-unes de ces protestations ont suscité les colères de ceux dont elles auraient dû, en leur ouvrant les yeux, mériter la reconnaissance ; quelques-unes aussi sont venues jusqu'à vous, peut-être. Mais ce n'étaient plus, dans la dispersion qui était devenue notre partage, que des actes isolés, et nous n'avons point ici à vous en rendre compte.

III

Lorsque cette dispersion cessa, lorsque nous nous retrouvâmes (ceux qui se retrouvèrent) avec notre fardeau de ruines et de douleurs privées, en face de la patrie mutilée et parmi les tristesses de ce Paris

dont les pierres mêmes, — et pour combien de temps ! — portent
témoignage contre la fureur des haines nationales, et contre la fureur
au moins égale des haines civiles ; notre premier soin, avant de chercher à renouer la chaîne brisée de notre passé, fut de nous poser à
nous-mêmes, dans la cordiale intimité de nos réunions, la question
qu'aujourd'hui nous venons publiquement vous poser. L'état de notre
caisse n'était pas brillant ; nulle recette, depuis le commencement de
1870, n'avait été effectuée ; il y avait des dépenses engagées, cependant, et rien, pas même un simple avis à votre adresse, ne se pouvait
faire sans en engager de nouvelles. Nous étions, en outre, il est à
peine nécessaire de le rappeler, en présence d'un *concours* ouvert, en
des temps meilleurs, contre LE CRIME DE LA GUERRE, alors à l'état de
menace ; et de nombreux concurrents pouvaient, d'un instant à
l'autre, réclamer une solution forcément, mais bien longtemps dif-
férée. Malgré tout ce qu'il y avait de pressant dans cette situation, et
quoique plusieurs d'entre vous, prenant les devants, eussent cru devoir nous provoquer à mettre en recouvrement les cotisations arriérées,
nous ne voulûmes rien faire, rien dire, rien demander surtout, avant
d'avoir sondé nos cœurs et d'être en mesure d'exposer, sans réticence
et sans obscurité, ce que nous pensions, ce que nous souhaitions, ce
que nous espérions. Nous croyons être enfin en mesure de le faire, et
nous essayons de le faire par ces lignes.

I V

Nous voulons tenir nos engagements d'abord ; et nous ne laisserons
à qui que ce soit, sous un prétexte quelconque, le droit de nous
accuser d'avoir en rien manqué à ce qu'il était autorisé à attendre de
nous. Les événements survenus sont de ceux que l'on peut appeler *de
force majeure ;* la souscription destinée à fournir au payement des
récompenses en a, naturellement, subi le contre-coup ; et les mémoires,
même les meilleurs, écrits avant l'explosion de la guerre, se trouvent
après la guerre, à plus d'un égard en dehors de ce qu'ils devraient
être et de ce que les feraient maintenant leurs auteurs. Aucun, d'ailleurs, même les meilleurs encore, — et abstraction faite de ces
circonstances, — n'avait assez exactement ou assez complétement
rempli le programme, pour que le prix, *tel qu'il avait été proposé,* pût
être considéré comme acquis (1). Il n'importe : beaucoup sont des

(1) V. le *Rapport* du jury. — 50 pages in-8°, chez Henry Bellaire, édi-
teur, Librairie Franklin, rue des Saints-Pères, 71.

œuvres recommandables; plusieurs, des œuvres réellement distinguées et de nature à exercer une influence salutaire, tout en faisant honneur à ceux qui les ont écrites. Nous entendons qu'elles ne soient pas privées des éloges et des encouragements que justifie leur mérite ; et, dussions-nous, pour y parvenir, faire seuls le nécessaire, le nécessaire sera fait. Si quelques amis dévoués, dans leur liberté, estiment équitable de nous y aider, c'est à eux à en juger et à agir, sans pression aucune, comme ils le croiront devoir faire (1).

Ce que nous voulons, ensuite, c'est de déclarer, en dépit des attaques ou des railleries qui, avant comme après la guerre, ne nous ont pas été épargnées, que de tout ce que nous avons fait, nous ne regrettons rien, rien que de n'avoir pas réussi ; et que nous n'avons pas une parole à rétracter. L'esprit qui nous avait réunis était le bon ; et plût à Dieu que les conseils qu'il nous dictait eussent été écoutés ! La France, si douloureusement mutilée et ruinée, serait encore entière; l'Allemagne, à peine moins atteinte par la misère et par le deuil, ne serait pas, comme elle l'est, courbée sous un joug qu'elle déteste et déchue de son antique renom de loyauté et d'honneur ; la barbarie, soulevant contre la civilisation toutes les cupidités et toutes les violences d'un bestialisme sauvage, n'aurait pas engagé, contre les conditions premières de toute vie sociale, cette lutte effroyable et stupide qui sera le stigmate du dix-neuvième siècle ; et l'avenir, au lieu des sombres menaces dont il reste chargé, pourrait laisser entrevoir à la famille européenne cette ère bénie de sagesse et de concorde dont un de ses membres, derrière l'inexpugnable rempart de ses montagnes et de son patriotisme, lui donne depuis longtemps le noble et enviable exemple.

Mais ce qui est fait est fait, et l'une des conséquences du mal, vous le savez, est de rendre le bien plus difficile. Autant la nation française, dans ces sentiments de naturelle bienveillance qui lui faisaient considérer tout étranger comme un hôte, était, il y a deux ans, empressée d'ouvrir ses frontières et ses foyers à ceux-là mêmes qui, en d'autres temps, avaient donné contre elle le signal de cette lutte de vingt ans, si fatale à l'Europe et à elle même ; autant, après les preuves accumulées d'une rancune d'un demi-siècle, dont sa loyauté se refusait à admettre même le soupçon, elle se montre, à trop juste titre, ombrageuse et défiante. Autant, après cette première période dans laquelle les apparences seules (elle le savait déjà) avaient donné à son gouverne-

____

(1) Sur la communication de cette circulaire, *en épreuve*, aux anciens membres fondateurs de la *Ligue de la Paix*, plusieurs envois de fonds ont été déjà faits. Ils seront mentionnés au Bulletin n° 3.

ment le rôle d'agresseur, elle acceptait loyalement les conséquences de ses torts officiels; autant, répondant sans arrière-pensée au cri de soulagement parti des rangs ennemis, elle était prête à redire, avec la nation comme elle traînée à contre-cœur à l'œuvre fatale : « LA GUERRE EST FINIE ; » ... autant, après cette « *seconde guerre* » si obstinément voulue et si implacablement poursuivie, il lui est devenu impossible d'oublier le mauvais dessein prémédité qui, depuis tant d'années, travaillait à faire inquiéter l'Allemagne au nom de la France, pour avoir un prétexte d'enrégimenter l'Allemagne contre la France. Ce n'était pas assez toutefois, et la mesure n'était pas comblée. Après tout cela encore, après cette seconde guerre et ses dévastations méthodiques, après le bombardement retardé, à dessein, jusqu'au jour où la famine l'aurait rendu inutile ; après la violation intentionnelle des asiles de la science, de la maladie et des arts ; après tout cela la France, si l'on n'avait exigé d'elle que des sacrifices compatibles avec son honneur, si l'on eût su conserver à son égard un peu de ce respect du malheur, jusqu'alors considéré comme la première des lois de la guerre, se fût montrée résignée à son sort et résolue à ne chercher que dans le travail et la liberté la réparation des maux qu'avaient attirés sur elle des habitudes moins viriles. Condamnée à cette mutilation cruelle dont le vrai but, — qui l'ignore? — était de fournir, avec de nouvelles chances de complications, des raisons de maintenir et d'aggraver même le despotisme militaire sous lequel plie l'Allemagne, tout ce qu'il y a en elle de généreuse fierté s'est révolté, et l'indignation et la honte ont déposé au fond des cœurs un amer levain de ressentiment. L'Alsace et la Lorraine, ces provinces si françaises, mais si ouvertes à l'esprit allemand, semblaient devoir être, pour une politique humaine et sage, non-seulement une barrière, mais un trait d'union entre les deux races (1). Une politique différente a préféré en faire un brandon de discorde. Par la faute, ce n'est pas assez dire, par la volonté formelle de ceux qui, ayant semé et cultivé la haine, redoutaient l'apaisement, elles sont devenues, au milieu de l'universelle lassitude, le grand obstacle à la stabilité de l'Europe, la pierre de scandale sur laquelle, à toute heure et pour le moindre mouvement, peut trébucher de nouveau cet équilibre précaire que les armes ont troublé et que les armes ne rétabliront pas. Nous avons beau nous exhorter à la patience, à la mansuétude, à l'oubli; il y a, nous ne le sentons que trop, un coin enfoncé dans notre chair, un reproche vivant

(1) V. entre autres le projet de M. Drouyn de Lhuys et les articles de M. E. de Parieu, en France, et de M. E. Oswald, en Angleterre, sur la neutralisation des provinces Rhénanes.

au fond de notre conscience. Qu'un trop grand nombre, après cela, et sans peser, cette fois encore, suffisamment ni les mots ni les faits, n'aient pu se défendre d'appeler bien haut, sous le nom malheureux de *Revanche*, le retour au corps de la patrie de ce qui en a été si violemment arraché ; qui pourrait s'en étonner ? « Nous avons donné, disent-ils, ce que nous n'avions pas le droit de donner, la liberté des autres. Nous avons, dans notre épuisement, — dans notre découragement peut-être, — acheté la cessation de la guerre, d'un prix qu'il ne nous appartenait pas de payer. Nous avons, frères sans entrailles, vendu nos frères pour une trêve que déjà celui qui en a dicté les termes qualifie publiquement de *provisoire* (1), et livré à l'envahisseur ceux-là mêmes qui, les premiers, — l'on pourrait presque dire les derniers, — avaient été contre lui notre rempart. Le supplice de ces victimes innocentes crie contre nous ; et il n'est qu'un moyen de nous réhabiliter à nos propres yeux comme aux yeux du monde : c'est de ressaisir, en brisant leurs fers, ces mains toujours tendues vers la France pour l'implorer. »

V

Voilà, monsieur, vous le savez, ce que beaucoup pensent et sentent. Et voilà pourquoi, nous ne le cachons pas, plus d'un, parmi ceux qui ont le plus combattu la guerre, et qui très-certainement la détestent le plus encore, n'a pas hésité à nous le dire franchement : « Oui, plus que jamais nous aimons la paix ; car plus que jamais nous savons ce que vaut la paix : mais la paix n'est pas le règne de la violence et l'esprit de paix n'est pas un acquiescement banal à l'iniquité. Aussi longtemps que la violence faite à deux millions de nos compatriotes ne sera pas réparée ; aussi longtemps que des provinces françaises seront, au mépris de leur volonté comme au mépris du droit, « retenues captives dans l'injustice, » nous ne pourrons, sans soulever la conscience publique, sans pactiser, aux yeux du grand nombre, avec les plus détestables pratiques de la politique maudite de la fraude et de la force, parler de paix. »

Encore une fois, ces sentiments étaient naturels, ils étaient inévitables peut-être ; et nous n'oserions, en traçant ces lignes, affirmer qu'ils nous aient toujours été, qu'ils nous soient encore, à cette heure, inconnus à nous-mêmes.

Pourtant, monsieur, ce n'est pas tout que de sentir le mal et de se

(1) Discours de M. de Bismarck dans la discussion de la loi sur l'inspection des Ecoles.

refuser à l'accepter : il faut, si l'on ne veut faire une œuvre vaine, une œuvre funeste même, et servir comme à plaisir les mauvais desseins dont on déplore les premiers succès, se garder avec un soin égal et de l'illusion et de la passion. Il faut voir les choses telles qu'elles sont, quoi qu'il en puisse coûter de les voir ainsi, et ne pas craindre de se dire, sans complaisance, la vérité à soi-même, et au besoin de la dire aux autres. Il faut, en d'autres termes, regarder en face, au point de vue matériel d'abord, et au point de vue moral ensuite, au point de vue des résultats et au point de vue des moyens, au point de vue du présent et au point de vue de l'avenir, ces idées de *revendication armée du droit,* de *redressement des œuvres de la force par la force,* qui sont plus ou moins comprises sous ce terme sonore et vague de REVANCHE. Il faut nous demander si, comme y peut porter en effet le premier mouvement, c'est bien à la guerre qu'il convient d'en appeler de la guerre; si c'est la voie que la prudence conseille et celle que l'honneur recommande; la plus digne de la France, pour tout dire, et la plus conforme aux espérances, aux vœux, aux intérêts des provinces qui manquent à la France, la plus réellement *patriotique* en même temps que la plus *humaine.*

<h2 style="text-align:center">VI</h2>

Au point de vue matériel, nous ne dirons qu'un mot, parce qu'un mot suffit, à ce qu'il nous semble, et parce que ce mot seul nous coûte à dire.

La guerre, ce peut être la victoire, mais ce peut être la défaite. C'est à la victoire qu'avaient songé, il y a dix-huit mois, alors que la France était entière, ceux qui, d'un esprit et cœur si légers, lui déclaraient solennellement qu'elle était prête; c'est la défaite qu'ils ont rencontrée. C'est à la victoire aussi que font appel ceux qui, comptant sur le désespoir de la France amoindrie, attendent d'elle un suprême et décisif effort; peuvent-ils garantir que ce ne serait pas la défaite qui, une fois encore, leur répondrait? Et ont-ils calculé ce que serait pour la France une nouvelle défaite, et une défaite provoquée par une agression nouvelle? (1) S'il était vrai, comme on le dit, que cette jalousie inexplicable, à laquelle n'avaient suffi ni Waterloo ni Sedan, ne fût pas, après tout ce qui a suivi, assouvie encore, que pourrait-elle souhaiter de plus, en vérité, pendant qu'une partie de nos

(1) On félicitait un habitant notable d'une ville de l'est de ce que cette ville n'était pas, comme on l'eût pu craindre, devenue prussienne. « Ce sera pour la revanche, » répondit-il.

départements sont aux mains des garnisons allemandes, que cette dernière preuve de ce qu'elle appelle si dédaigneusement « *l'incurable légèreté française?* »

Disons-le nettement, nous avons autre chose à faire, et pour plus d'une année, — à supposer même la nécessité de réclamer quelque jour par la force ce qui a été enlevé par la force, — que de nous « armer en guerre et d'en faire tapage. A ceux qui, à tout propos et hors de propos, persistent à parler de revanche, il est temps,» écrivait dernièrement un des plus purs représentants du patriotisme lorrain (1), et il n'est que temps «de répondre économie» et régénération. Nous avons à nous relever, c'est-à-dire à panser nos blessures, à sécher nos larmes, à relever nos ruines, à payer nos dettes, à réformer nos finances, nos institutions et nos mœurs surtout; à remplacer, par une génération nouvelle et meilleure, la génération qu'a fauchée ou dégradée la guerre ; à refaire le corps de la patrie, en un mot, et à refaire son âme. Alors, et alors seulement, comme un malade revenu à la santé, nous pourrons nous demander ce que nous devons faire de nos forces, et, sans fanfaronnade comme sans folle témérité, discuter la convenance et les chances d'un nouveau conflit avec l'Allemagne. Alors, si l'on y tient encore, il sera temps de parler de revanche.

Mais alors, peut-être, et sans que le patriotisme ait à en souffrir, bien au contraire, on n'y tiendra plus tant. Car alors, et par le seul cours des choses, parce que notre sagesse aura porté ses fruits et parce que la folie des autres aura porté les siens, les raisons alléguées par la plupart de ceux qui réclament cette revanche auront cessé d'exister, et les ressentiments qui pour beaucoup tiennent lieu de raisons, se seront atténués.

Où seront, dans quelques années, les principaux acteurs du grand drame de 1870? Et que restera-t-il, avant que nous n'ayons disparu, et de cette Babel de fange et de sang dans laquelle, sans souci des enseignements de l'histoire non plus que des lois de la morale, ils auront englouti tant d'efforts; et de ce renom passager d'habileté qui tombera, comme il s'est élevé, avec leurs improvisations sans racines ?

Il restera des générations nouvelles, des fils différents des pères, et les fils de ceux que les pères auront traînés à la mort et à la ruine, las comme l'étaient nos pères à nous-mêmes, il y a soixante ans, de ce qu'on appelait « *leur gloire,* » et comme eux trop punis de la faute de s'être donné des maîtres. Nos fils seront-ils, à leur tour, au moment où de nouveau la leçon du malheur commencera à ramener vers nous ceux

(1) Lettre de M. de Foblant, dans le *Français*, du 14 janvier 1872.

qui s'en étaient éloignés, condamnés à repousser, au nom d'un point d'honneur impitoyable, ces générations innocentes (1), et à refouler dans leurs âmes, par la flamme et le fer, le regret et le remords ? Ce que la France, avec trop de raison, reproche à l'Allemagne (aux détestables docteurs de l'Allemagne, tout au moins), ce long ressouvenir et ce ressentiment implacable, le devoir de la France serait-il d'en donner, elle aussi, le spectacle à l'Europe ? La coutume de la *Vendetta*, pour tout dire, cette coutume barbare et proscrite comme telle, dans la vie privée, par toutes les législations, doit-elle, à l'éternelle honte et au dommage éternel de l'humanité, être tenue désormais, dans la vie publique, pour la loi nécessaire des sociétés, et devenir le premier article de ce code international que toutes les nations appellent à l'envi? Serait-ce là, en vérité, ce qui convient à l'Europe, ce qui convient à la France, ce qui convient à l'Alsace?

Ce qui convient à l'Alsace, on a raison de s'en préoccuper, certes, mais on n'a pas le droit de l'ignorer, ce nous semble : car l'Alsace l'a dit, publiquement et solennellement dit, par la bouche de plus d'un de ses plus généreux enfants ; et, pour l'avoir dit, assure-t-on, celui qui s'est fait le principal organe des sentiments de l'*Alsace en deuil* aurait eu l'honneur de se voir expulser par ceux qui ne permettent pas que l'Alsace soit en deuil. Écoutons le pasteur Lichtenberger; c'est de lui que nous voulons parler. Et sachons bien, puisque c'est de nos frères qu'il s'agit, ce que pensent, ce que veulent, ce qu'attendent de nous nos frères (2).

VII

Ce qu'ils pensent, ce qu'ils disent, ce qu'ils proclament, c'est que, plus que jamais, et par la douleur même que leur a fait éprouver le déchirement qui les a séparés de nous, ils se sentent attachés à la France et résolus à se souvenir d'elle comme les Israélites, au bord des fleuves de Babylone, se souvenaient de Jérusalem :

« Nous aussi, disent-ils, nous ne voulons pas être consolés. Il est une tristesse qui ne cédera ni aux rigueurs, ni aux bienfaits. Nous dirons à nos vainqueurs : Vous pouvez tout nous prendre ou tout nous

(1) V. l'*Anniversaire de Waterloo*, par Jean Macé, avec gravure par Ratel ; 3ᵉ livraison de la *Petite Bibliothèque de la Paix*; Librairie Franklin, 10 centimes.

(2) L'*Alsace en deuil*, sermon prêché à Strasbourg en l'église de Saint-Nicolas, en novembre 1870, par le pasteur Lichtenberger; se trouve au *Secrétariat* de la *Société*.

donner ; vous pouvez multiplier sur nos têtes les menaces ou faire briller à nos yeux vos promesses séduisantes ; vous pouvez occuper nos champs, vous installer dans nos villes, de force vous asseoir à nos foyers ; vous pouvez relever nos ruines et apporter parmi nous la prospérité et l'ordre, voire l'abondance et la liberté : il est un sanctuaire où vous ne pénétrerez pas, c'est notre âme ; il est un bien que vous ne nous ravirez pas, et que nous n'échangerions pas contre tous les trésors que vous pourriez nous offrir, c'est notre tristesse... Nous sommes, et nous resterons..., dans les dures extrémités » où vous nous avez « réduits,... invinciblement tristes. Nous pleurerons et nous nous souviendrons. Notre prière montera vers Dieu, ardente et désolée, et nous ne cesserons pas d'espérer... La séparation d'avec la France, cette séparation qui nous a été imposée... malgré nos protestations les plus énergiques et les plus unanimes, loin de diminuer notre affection » pour « celle que nous ne pouvons nous habituer à ne plus appeler notre patrie,... n'a fait que l'agrandir, l'épurer, la sanctifier en quelque sorte... Plus elle a été éprouvée, » cette patrie, « plus nous l'avons vue pressée, foulée aux pieds par un destin rigoureux, plus nous avons senti croître vis-à-vis d'elle notre amour et nos devoirs. »

Voilà le langage que parlent publiquement, du haut de la chaire, à « l'ÉTRANGER *qui foule de son pied pesant* » la terre natale, ces hommes réclamés, *comme Allemands*, au nom de la grande patrie allemande.

Voici maintenant comment ils nous parlent, à nous Français, et comment ils parlent à tous. Jamais, en vérité, plus noble langage a-t-il été tenu, et dans des circonstances plus difficiles ? Jamais, après avoir montré que « l'Évangile ne se fait pas le complice de la violence et ne prêche pas, en face des triomphes de la force... la complaisance ou la lâcheté, » a-t-on mieux concilié, avec cette inébranlable protestation « du droit contre l'injustice, » la sincère et loyale application du saint et sublime précepte de la divine charité : « *Aimez vos ennemis ; bénissez ceux qui vous maudissent ; faites du bien à ceux qui vous haïssent, et priez pour ceux qui vous outragent et vous persécutent ?* »

« Ce qui nous peine le plus au milieu de toutes nos tristesses, » dit le généreux interprète de l'Alsace en deuil, c'est cette pensée que le mal, comme une racine maudite, tend à produire le mal... « C'est de constater les semences de haine que la guerre a jetées dans tous les cœurs ; c'est de voir l'irritation survivre à la lutte et préparer à l'Europe de nouvelles tempêtes. L'atmosphère que nous respirons est comme chargée de souffles malsains. Que d'âmes, autour de nous, qui nourrissent la haine avec je ne sais quelle âpre volupté, qui ne s'aperçoivent pas combien elles sont devenues injustes et sévères dans leurs jugements, combien leur caractère s'est aigri, à quels mauvais penchants elles obéissent !... On enveloppe dans le même anathème le mal et ceux qui le commettent, la pensée qui l'ordonne et la main qui l'exécute. » On oublie « la loi d'amour, » on retourne à l'antique « loi du talion; » et volontiers l'on répèterait contre ces Rachels désolées, auxquelles déjà la guerre, hélas ! a ravi leurs premiers nés, le cri féroce du psaume contre les derniers nés des ennemis d'Israël : « O fille de Babylone, toi qui détruis, heureux qui te rendra la pareille de ce que tu nous fais ! Heureux qui saisira tes petits enfants et les écrasera contre les pierres ! »

Loin de nous, s'écrie la courageuse douleur de nos frères, de pareils sentiments ! « *Loin de nous toute idée de vengeance ! Les mères allemandes ont le même droit à la pitié que les mères françaises. Le chrétien, qui voit la terre humide encore de tant de sang versé, frémit à l'idée d'une revanche,* OUI, MÊME D'UNE REVANCHE QUI TOURNERAIT AU GRÉ DE SES SENTIMENTS PATRIOTIQUES. IL CROIRAIT PAYER TROP CHER SA DÉLIVRANCE S'IL LA LUI FALLAIT ACHETER AU PRIX DE NOUVELLES VICTIMES. *Il ne fait pas appel à la violence pour redresser le droit. La guerre ne tue pas la guerre : elle la sanctionne. La force brutale provoque la force brutale et la légitime. On ne fonde pas la justice les mains pleines de sang.* »

Quelle est la conclusion, monsieur? La voici dans toute sa netteté : c'est que, « *s'il n'y avait pas d'autre moyen que la guerre pour la revendication du droit,* » ces hommes, si ardemment attachés à leur droit, « *aimeraient mieux ne pas le revendiquer.* PLUTOT RESTER ESCLAVES, disent-ils en propres termes, QUE DE CONVIER L'EUROPE A DE NOUVEAUX MASSACRES. »

VIII

Mais telle n'est pas, « grâce à Dieu ! » la cruelle alternative imposée aux victimes de la force; et il ne leur est pas interdit de conserver, avec leur insurmontable aversion pour la guerre, leur inébranlable foi dans la réparation des œuvres de la guerre. « Il existe, s'écrient-ils, ce moyen, méconnu des impatients et des violents, mais connu des persévérants et des sages, « le seul que le chrétien doive employer, » le seul aussi que puisse avouer le véritable politique. Il existe, et, pour être plus long, il n'en est que plus sûr. » Et quel est-il? C'est celui-là même qu'avant la guerre nous recommandions, et qu'après la guerre nous recommandons doublement; car ce qui eût pu prévenir le mal est aussi ce qui peut réparer le mal.

« *C'est le rapprochement graduel, l'union, la* SAINTE ALLIANCE DES PEUPLES, *par delà les frontières, par delà les préjugés,* PAR DELA LES ÉGOÏSTES AMBITIONS QUI CHERCHENT A LES DIVISER : SEULE, L'UNION FRATERNELLE DES PEUPLES PEUT METTRE FIN A L'ESPRIT DE CONQUÊTE, EN RÉVISER LES ACTES ET EN REDRESSER LES INJUSTICES. *Loin de nous donc, encore une fois, toute parole, toute pensée qui serait de nature à éterniser la haine et à retarder le rapprochement des peuples que la guerre a désunis !* »

Voilà, monsieur, le programme du *patriotisme alsacien;* voilà celui de ce qu'on appelle *notre humanitarisme*. Et si nous avons, pour exprimer nos sentiments, emprunté à dessein les paroles, — les propres paroles — de l'Alsace en deuil, c'est que nous n'en connaissions pas qui les rendissent avec plus d'exactitude, en même temps que de force. En pourrions-nous trouver, d'ailleurs, de plus belles et dont l'autorité fût plus grande ?

IX

Donc, nous ne méconnaissons rien, nous n'abandonnons rien, nous n'amnistions rien, nous n'oublions rien. Nous ne venons point, comme le disent volontiers tels et tels à qui les grands mots ne coûtent pas, parce que leurs indignations, non plus que leurs enthousiasmes, ne vont jamais au delà des mots, « passer l'éponge sur le sang et les larmes de la patrie »; et nous ne nous inclinons pas, indifférents à tout, pourvu que la tranquillité du jour présent nous soit laissée, devant les solutions quelconques du *fait accompli*.

Nous protestons, au contraire, au nom de l'éternelle et imprescriptible justice, contre les œuvres éphémères de la force qui, naïvement, s'imagine « *primer le droit;* » et nous maintenons, avec une persistance dont la modération même atteste l'énergie, la revendication incessante du droit contre la force. Nous croyons à la rétribution définitive de chacun, peuple ou homme, selon ses œuvres ; et par conséquent nous croyons à la révision des arrêts injustes, et à la tardive mais inévitable réparation due à ceux que l'injustice a lésés. Nous faisons davantage : cette réparation nous la demandons ; et nous la demanderons jusqu'à ce que l'avenir l'ait donnée. Mais nous la demandons à ce qui la peut donner, — non à ce qui la peut compromettre ! — nous voulons dire au travail, qui procure la puissance matérielle, la richesse, la population ; et à la sagesse, qui assure la puissance morale, le respect, l'estime, la sympathie. Nous la demandons au progrès des idées et des mœurs, et publiques et privées; et nous l'attendons surtout d'une intelligence plus générale et d'une application moins restreinte de deux principes, dont la méconnaissance et l'oubli expliquent toutes les guerres et toutes les haines du passé, dont le triomphe, si la civilisation n'est pas un vain mot, sera l'honneur et la sûreté de l'avenir.

<h2 style="text-align:center">X</h2>

Le premier de ces principes c'est que chaque peuple, comme chaque homme, s'appartient ; et qu'en conséquence c'est à lui, à lui seul, à disposer de son sang ou de son territoire, comme il est reconnu qu'il doit disposer de son or (1).

Le second c'est que les peuples, en dépit des apparences qui parfois les égarent, sont solidaires, et qu'en conséquence leurs intérêts, au lieu d'être divergents ou contradictoires, sont identiques : car quel est celui qui n'ait, par l'échange des produits et des idées, tout à gagner à la prospérité des autres, tout à perdre, au contraire, à leurs malheurs ou à leurs fautes ? Le monde est un réseau vivant (2), et pas une maille de ce réseau, quoiqu'en puissent penser ceux qu'on appelle de grands politiques, ne peut être atteinte sans que l'ensemble ne s'en ressente.

A quoi il faut ajouter, comme garantie et comme sanction, une troisième chose : un moyen de régler les différends, puisque, malgré cette solidarité croissante et mieux comprise, il ne peut manquer d'en surgir encore, de temps à autre, sous diverses formes ; et un moyen moins barbare et plus efficace que l'interminable bascule des « jeux de la force et du hasard. » Ce moyen, c'est la substitution, à l'aveugle *« jugement de Dieu,* » — au stupide JUGEMENT DU DÉMON, pour mieux dire, — du procédé si simple, si équitable et si pratique de l'arbitrage : de l'arbitrage déjà plus d'une fois éprouvé, déjà, à plus d'une reprise, consacré en principe par les conventions internationales, et qu'on s'étonnera très-certainement, dans un avenir plus ou moins prochain, de n'avoir pas depuis longtemps généralisé par un universel accord.

L'arbitrage, c'est-à-dire la reconnaissance de cette grande vérité que nul ne peut être à la fois juge et partie; le respect d'une loi, d'une

(1) Mentionnons à ce propos la Société fondée à Verviers, par l'initiative de M. Jean Servais et de quelques autres, pour la revendication au nom des peuples du *droit de paix et de guerre.*

(2) Expression de notre bien regrettable coopérateur le R. P. Gratry.

autorité acceptée, comme un recours commun, par les intérêts et les passions en conflit; n'est-ce pas, dans la vie publique aussi bien que dans la vie privée, le vrai, l'unique remède à ce mal suprême de la condition humaine, l'insécurité; la meilleure protection du faible et le plus véritable honneur du fort? Si le monde moderne n'est pas, ainsi que quelques-uns le prétendent, un monde usé, destiné à disparaître bientôt, comme le monde antique, sous le débordement commencé d'une nouvelle barbarie, c'est dans cette voie, et dans cette voie seule, qu'il lui sera donné de poursuivre son développement menacé. Là où la puissance matérielle grandit, il faut, sous peine de ne faire que fournir au mal des armes plus terribles et plus sûres, que la puissance morale grandisse avec elle, et non-seulement autant qu'elle, mais davantage.

Et c'est pourquoi nous n'hésitons pas à le dire, si le jour de la justice internationale n'est pas proche, si les derniers déchaînements de la guerre n'ont pas pour résultat de faire comprendre à l'Europe la nécessité de museler enfin le monstre, en amenant tour à tour et les gouvernements et les nations à proclamer à l'envi la loi nouvelle qui sera leur salut; si les efforts de nouveau tentés partout en ce sens restent vains; c'en est fait, l'Europe est perdue.

Nous ne voulons pas croire qu'elle en soit là; et nous osons, en présence des signes meilleurs que de toutes parts nous voyons apparaître, en présence de paroles comme celles que nous citions tout à l'heure et qu'on pourrait bien appeler des paroles de rédemption, nous osons dire que nous avons raison de ne pas le croire.

C'est à vous, monsieur, et à ceux qui, comme vous, sont partagés entre la douleur du passé et la préoccupation de l'avenir, à donner tort à ces espérances ou à leur donner raison. Et la seule manière de leur donner raison, c'est de vous y associer, en vous associant, plus énergiquement qu'avant la guerre, à nos efforts contre la guerre.

XI

C'est dans ce but, monsieur, et afin de savoir et combien nous sommes et qui nous sommes, que nous avons, après en avoir discuté les termes entre nous, préparé le projet de *statuts* ci-joint, sur lequel nous avons l'honneur d'appeler votre attention. Vous comprendrez aisément, nous n'en doutons pas, les raisons, toutes tirées de l'expérience, qui nous ont déterminés à adopter les changements que nous soumettons à votre appréciation. Deux mots, d'ailleurs, suffisent à les résumer.

Nous avons, en présence de réclamations incessantes, modifié quelque peu un titre qui, peut-être, ne représentait pas bien exactement l'esprit de notre association; qui, de plus, par sa similitude avec le titre adopté depuis par une autre association, donnait lieu à de fréquentes et inévitables confusions. Le mot de *Ligue*, né d'un cri arraché, en un jour de conflagration imminente, à la conscience indignée de quelques hommes, traduisait bien assurément cet état d'émotion violente sous l'impression de laquelle il s'était échappé de leurs lèvres; mais il semblait, par cela même, indiquer un état d'ardeur passagère, motivée par des circonstances exceptionnelles. Le mal que nous avons à combattre a des racines plus profondes, et l'œuvre de les attaquer toutes, jusqu'à la dernière, est une œuvre de longue. haleine, pour laquelle il faut autre chose que de l'élan : il faut de la persévérance, nous dirions volontiers de l'obstination. Il ne nous a pas paru mauvais que personne, même à première vue, ne s'y pût tromper.

La même pensée nous a conduits à substituer, à des dispositions reconnues insuffisantes, des dispositions nouvelles, aussi simples et aussi précises que possible, du reste. Pour ces appels intermittents à l'opinion publique par lesquels, dans les premières années, s'est affirmée (non sans une véritable influence, en somme) la foi de quelques volontaires, l'ébauche de statuts improvisés, dont nous nous sommes contentés jusqu'à ce jour, pouvait suffire; et personne, nous tenons à le dire, n'a jamais réclamé contre le pouvoir, en quelque sorte discrétionnaire, qu'elle laissait à un petit nombre de mains. Mais les dépositaires de ce pouvoir réclamaient, eux, depuis longtemps et de plus en plus, et contre l'excès du fardeau et contre l'excès de la responsabilité. Et, pour une action régulière, constante, quotidienne, ils n'ont pas eu de peine à faire comprendre qu'il fallait une organisation plus complète et mieux assise; des bureaux mieux installés et mieux servis; une direction plus à l'abri des défaillances ou des empêchements individuels; plus de suite, en un mot, plus d'unité et plus d'autorité en même temps dans la conduite de l'œuvre.

Les dispositions adoptées tendent à ce but. Elles resserreront, par de plus fréquentes communications, les liens qui doivent nous unir. Elles faciliteront, par un meilleur système de recouvrements et de correspondances, l'établissement de notre budget et l'extension de notre rayonnement. Elles nous permettront, à l'exemple de ce qui se fait ailleurs, de susciter ou d'aider plus efficacement le zèle des hommes de bien, capables de travailler, par la parole ou par la plume, à la propagation de nos idées; et de faire peu à peu la conquête de l'opinion.

Elles nous mettront enfin, nous le croyons, à l'abri d'un certain nombre d'inconvénients et de dangers dont nous avons dû nous préoccuper, et assureront, à ceux qui ont affronté les difficultés de la première heure, à ceux qui ne reculent pas devant les difficultés non moins grandes de la seconde heure, la conservation de l'esprit qui les a animés et le maintien des traditions qu'ils s'efforcent d'établir.

XII

Nous avons fini, monsieur.

Si, comme nous avons eu la douleur de l'apprendre, pour quelques-uns, par des déclarations formelles, cet esprit n'est pas ou n'est plus le vôtre; si, à tort ou à raison, par notre fait ou par le fait des circonstances qui ont changé tant de cœurs, vous avez cessé d'avoir, pour nous ou pour notre drapeau, les sympathies qui nous avaient valu jadis votre adhésion, veuillez nous le faire savoir, et, quelque regret que nous en puissions éprouver, votre nom sera aussitôt, sans amertume et sans reproche, radié de nos listes.

Si, au contraire, et comme nous l'espérons, les sentiments qui nous avaient unis sont restés les vôtres; si la guerre, en dépassant de si loin tout ce qui nous la faisait détester et redouter, vous a mieux fait comprendre la nécessité et le devoir de travailler à conserver ou à rendre au monde le bien suprême de la paix; si nos actes et nos paroles enfin, et en dernier lieu ce sincère exposé de notre passé, de notre présent et de notre avenir, vous paraissent de nature à justifier la continuation de la confiance dont, jusqu'à ce jour, vous nous avez honorés; veuillez, en remplissant le bulletin ci-joint, nous donner un témoignage devenu nécessaire de cette persévérante fidélité, et nous mettre à même de vous inscrire, avec toute l'exactitude désirable, sur les nouvelles listes que tant de bouleversements ont rendues indispensables.

Mais, nous osons vous en conjurer, prenez, avant de nous répondre, le temps de sonder votre cœur et votre esprit; et que ce ne soit, dans un cas ou dans l'autre, ni un premier mouvement d'impatience qui vous éloigne, ni une condescendance banale qui vous retienne.

Nous savons, et nous ne les avons pas dissimulées, les raisons qui peuvent avoir fait des pacifiques d'hier des belliqueux d'aujourd'hui. Nous savons aussi, et nous les avons exposées également, les raisons qui ont pu faire des belliqueux d'hier des pacifiques d'aujourd'hui.

Entre les deux partis notre choix est fait, et nous n'hésitons pas à le proclamer.

Nous croyons que la guerre, et cette dernière guerre surtout, doit être un enseignement de paix, et pour ceux qui ont eu l'immense malheur d'en connaître les humiliations et les désastres, et pour ceux qui ont eu, comme nous l'avons eu nous-mêmes jadis, le malheur non moins grand, peut-être, d'en connaître les enivrements et les vanités.

Nous croyons que c'est lorsqu'il y a mérite à soutenir une cause qu'il importe de lui rester fidèle; et nous estimons, quoi qu'il nous en coûte, que « c'est aux pacifiques à commencer l'œuvre de la paix et à ceux qui ont le plus souffert de la guerre, surtout n'en étant point innocents, à renoncer à toute guerre qui ne serait pas strictement défensive (1). »

Nous estimons enfin, que même en l'état où les dévergondages de la violence ont mis l'Europe, « une revanche qui ne coûterait rien à l'humanité reste possible (2); » ou, pour mieux dire, nous estimons que c'est la seule possible. Et, pour l'appeler de son vrai nom, ce n'est pas la REVANCHE, c'est le RELÈVEMENT que nous disons.

Que la France, notre cher et malheureux pays, juste envers elle-même et juste envers les autres, ait le courage de donner le signal de ce relèvement nécessaire à tous. Qu'à tous ces forfaits, militaires et diplomatiques, dont elle a eu la souffrance, mais dont elle n'a pas eu la honte du moins, elle réponde par le bon exemple, par la modération, par le travail, et non par de vaines injures et de ridicules bravades. Qu'elle se fasse grande et forte, et que, grande et forte, elle mette son honneur à montrer qu'elle vaut mieux que ceux qui n'attendent d'elle que la haine et accable de sa magnanimité ses insulteurs et ses bourreaux. Qu'elle les confonde, ces infatigables artisans de mensonge, qui seront à leur heure, eux aussi, pris dans leurs propres piéges, en pardonnant, en dépit de leur machiavélisme, au troupeau malheureux qui a servi d'instrument à leurs desseins.

Que la France fasse cela, et elle sera, de l'aveu de toutes les nations, la première nation du monde. Elle aura conquis l'honneur de mettre fin à la vieille et stupide politique de la haine et de la misère, en inau-

---

(1) M. Renouvier. *Le traité imposé par la Prusse lie-t-il la France ?* CRITIQUE PHILOSOPHIQUE, n° 2. Nous ferons connaître cette remarquable et impartiale étude.

(2) M. A. Frout de Fontpertuis. *Journal des Économistes*, n° du 15 février 1872.

gurant la politique nouvelle du progrès et de la concorde. Elle sera plus que la maîtresse du monde : elle en sera l'orgueil, la lumière et l'amour.

On peut, ce nous semble, mettre son patriotisme à donner à son pays une telle ambition. Mais encore une fois, monsieur, en toutes choses il faut savoir ce qu'on fait, où l'on va, à quoi l'on s'engage. Et c'est pourquoi, en déclarant que c'est ainsi que nous entendons le patriotisme, nous déclarons non moins nettement que nous entendons n'être ni suivis ni reniés qu'en connaissance de cause.

Veuillez agréer, monsieur, dans ces sentiments, nos salutations distinguées et dévouées.

Au nom des anciens Membres Fondateurs de la Ligue Internationale et Permanente de la Paix, et en vertu de délibérations expresses.

Le Secrétaire général,

Frédéric Passy.

ANNEXE

PIÈCES ET DOCUMENTS MENTIONNÉS DANS LA CIRCULAIRE

APPEL A L'OPINION

Adressé, dès le 9 juillet 1870, *au nom de la Ligue Internationale et Permanente de la Paix*, à tous les amis de la Paix, et recommandé à la presse française et étrangère. Cet appel a été publié dans plusieurs journaux. Nous croyons devoir le reproduire textuellement ici, en le recommandant de nouveau, ainsi que ce qui suit et ce qui précéde, à la bienveillance de tous les amis de la Paix, de toute nation. Nous considérons comme un véritable service tout ce qui, n'importe où et n'importe sous quelle forme, pourra être fait, soit pour porter à la connaissance du public européen les documents ici réunis, soit pour faire parvenir à notre Secrétariat ou exprimer au dehors des adhésions à nos principes et à nos efforts.

Pornic, 9 juillet 1870.

MONSIEUR LE RÉDACTEUR,

Il y a trois ans, pour la possession d'une place forte qu'elles ont, depuis, démolie d'un commun accord, deux grandes nations étaient sur le point de se ruer l'une contre l'autre, et de précipiter l'Europe dans les plus effroyables conflagrations. — Des deux parts, la vanité nationale était en jeu, et la discussion, de plus en plus envenimée, paraissait ne laisser aucune issue à un accommodement. Déjà même, disait-on, des ordres d'entrée en campagne avaient été donnés; et chaque jour (vous vous le rappelez), le monde s'attendait à apprendre que le premier coup de canon venait de donner le signal du carnage.

Quelques hommes, — de ceux qui pensent qu'il n'est jamais permis de désespérer de la raison et de la justice, et que le silence (même en présence des meilleurs motifs de croire à l'impuissance de la parole) est une complicité, — osèrent, en ce moment suprême, essayer un dernier appel à la conscience et au bon sens de leurs concitoyens. Grâce à vous, grâce à d'autres qui, en Allemagne, en même temps qu'en

France, prêtèrent à ces voix, trop faibles par elles-mêmes, le porte-voix de la presse, cet appel fut entendu.

De toutes parts, à l'étonnement de tous et de ceux-là mêmes qui l'avaient poussé, une opinion publique, inconnue la veille et irrésistible le lendemain, s'en fit l'écho. Et quelques semaines après, grâce à l'intervention d'une puissance neutre, qui ne fit en réalité que fournir aux deux parties les termes honorables d'un arrangement qu'elles désiraient également, l'orage avait passé ; et les nations pouvaient, sans crainte, se rencontrer dans le magnifique champ clos où s'étaient donné rendez-vous tous les arts de la Paix.

Depuis lors, cette opinion n'a fait que grandir. Partout, à toute occasion, sous toutes les formes, elle n'a cessé de se manifester. Et il n'y a pas longtemps qu'à ceux qui, pour la développer et lui donner un centre, ont cru devoir fonder et maintenir en action une association spéciale d'amis de la paix, on disait, non sans ironie, et presque avec le même sourire qui accueillit jadis leurs premiers efforts, que leur tâche était finie et que « le monde n'était que trop converti à la paix ».

Voici cependant qu'au milieu de ce ciel si serein, un coup de tonnerre éclate tout à coup. Voici que le monde (qui ne se savait pas de motifs de songer à la possibilité d'une guerre, et qui n'en a que faire) apprend, à l'improviste, qu'il existe quelque part, en Allemagne, un prince quelconque, possédé du besoin de se mettre sur la tête un de ces jougs pesants et dangereux, qu'on appelle une couronne, et que, si le peuple, au nom duquel on lui a fait des avances, ne lui ferme la porte au nez, ou si le gouvernement du pays qu'il habite ne se hâte de l'interner pour le mettre hors d'état de courir à la recherche de son futur royaume, il faut absolument que cinq cent mille hommes se coupent la gorge, et que toutes les *merveilles* essayées et non essayées de la charcuterie humaine soient mises en jeu.

Soit : puisqu'il y a des gens qui le disent, c'est qu'il y a des gens qui le pensent ; et chacun est libre d'entendre comme il le veut l'intérêt et l'honneur de son pays.

Mais chacun aussi, sans doute, s'il trouve qu'on l'entend mal, doit pouvoir le dire, et est tenu en conscience de le faire.

Il est impossible, à notre avis au moins, que ceux qui, il y a trois ans, ont protesté contre une guerre presque engagée, ne protestent pas de nouveau et plus énergiquement contre des déclarations qui tendent, avec une si étrange légèreté, à en provoquer une autre. Et il ne paraît pas moins impossible que l'opinion publique, qui alors s'ignorait, et qui aujourd'hui connaît sa force, ne les soutienne pas, avec plus d'ensemble et de spontanéité encore, dans leurs protestations. On a fini par reconnaître, bien qu'on eût déjà la main sur l'épée, qu'un tas de pierres, même hérissé de canons, ne valait pas de mettre l'Europe en feu. Il serait par trop étrange qu'il fallût absolument en venir là pour savoir si, dans l'étang au delà des Pyrénées, les grenouilles, lasses de l'état démocratique, feront choix d'un soliveau ou d'une grue.

En tout cas, il faut que l'opinion soit mise en demeure de se prononcer. Et puisque je me trouve, à la suite de la part que j'ai eu l'honneur de prendre, depuis trois années, aux efforts des amis de la Paix, investi des fonctions de secrétaire de l'une des sociétés vouées à son maintien et à sa défense, je vous demande instamment, monsieur le Rédacteur, à vous et à tous ceux de vos confrères pour qui la publicité n'est pas un vain mot, de vouloir bien, cette fois encore, ouvrir vos colonnes à notre appel.

Veuillez agréer, etc.

FRÉDÉRIC PASSY,
Secrétaire général de la *Ligue internationale et permanente de la Paix.*

II

Lettre adressée au Roi de Prusse et à l'Empereur des Français

Paris, 18 juillet 1870.

SIRES,

Vous êtes chrétiens ; vous adorez le même Dieu ; vous lisez le même Évangile ; vous reconnaissez le même Christ.

Daignez permettre qu'avec le profond respect dû à vos augustes personnes, mais avec le ferme sentiment d'un devoir sacré à remplir, nous osions, en ce moment suprême, faire retentir à vos cœurs la volonté de Dieu, les prescriptions de l'Évangile, l'exemple de Jésus-Christ.

DIEU ne veut pas que les hommes s'égorgent réciproquement comme des bêtes féroces ; il veut qu'ils s'aiment, qu'ils s'entr'aident comme ses propres enfants. En les faisant s'entretuer sur les champs de batailles ne craignez-vous pas de méconnaître et de leur faire méconnaître cette volonté de Dieu ?

L'ÉVANGILE commande de se réconcilier avec son frère, offenseur ou offensé.

En voulant noyer les offenses dans le sang, ne craignez-vous pas de fouler aux pieds l'Évangile ?

JÉSUS-CHRIST allait de lieu en lieu, faisant le bien, pardonnant les outrages, priant pour ses bourreaux.

En portant partout le fer et le feu, en exterminant des milliers de victimes, ne craignez-vous pas de ne pouvoir légitimement vous appeler disciples de Jésus-Christ?

Sires,

La politique a été impuissante dans vos conseils : que la religion soit efficace!

Nous comparaîtrons tous devant Celui qui règne dans les cieux ; hâtons-nous tous de rechercher la *justice* plutôt que la gloire, la *miséricorde* plutôt que la vengeance, et l'éternelle bénédiction du genre humain plutôt que l'éphémère éclat de notre élévation.

Après tant d'émotions cruelles, que les *Te Deum* de l'union et de la paix se fassent bientôt entendre des deux côtés du Rhin, et qu'il ne coule d'autres larmes que celles de la joie et de la reconnaissance envers Vos Majestés.

Au nom de quelques amis, fondateurs de la *Ligue internationale et permanente de la Paix,*   Martin Paschoud, *Pasteur.*

III

Télégramme (par l'entremise du Ministre des États-Unis).

A LA REINE DE PRUSSE

« Madame,

Au nom des sentiments que Votre Majesté a daigné nous faire connaître ;

Au nom de nos inexprimables et réciproques douleurs;

Au nom de l'humanité;

Au nom du Dieu de l'Évangile,

Nous vous en conjurons :

Que l'épouse et la mère des chefs victorieux intervienne;

Qu'un grand exemple soit donné au monde;

Que de nouvelles hécatombes n'ensanglantent pas la terre;

Que les propositions de la paix, d'une paix honorable, soient faites par le vainqueur,

Et que le ciel et la terre bénissent Votre Majesté.

Pour la Ligue de la Paix :

Frédéric Passy, *Secrétaire général;*

Arlès-Dufour; Nottelle, *Négociant ;* Martin Paschoud, *Pasteur;*

Auguste Visschers; Joseph Garnier.

Paris, 6 septembre 1870.

I V

A S. M. LE ROI DE PRUSSE (1)

Paris, 9 septembre 187(.

Sire,

Il y a des hommes, — il y en a en France, il y en a en Prusse, — qui croient pouvoir aimer leur patrie sans haïr la patrie des autres ; qui, dans tout homme, quel qu'il soit, voient un frère ; dans toute nation, un membre du corps sacré de l'humanité.

Ce sont ces hommes, Sire, qui, à d'autres époques, alors que la France et la Prusse paraissaient prêtes à se précipiter l'une sur l'autre, ont protesté, au nom de la France et de la Prusse, contre ce grand déchirement de la famille européenne. Ce sont eux qui, la catastrophe écartée, ont multiplié leurs efforts pour en empêcher le retour. Ce sont eux qui, lorsque de nouveau la paix s'est trouvée menacée, n'ont pas craint, — Votre Majesté le sait, — de porter devant les souverains , aussi bien que devant les peuples , les réclamations de ce qu'ils croyaient la vérité et la justice. Ce sont eux, enfin, qui, la guerre déchaînée, n'ont cessé, sans manquer jamais à leurs devoirs et à leurs affections de citoyens, de pleurer sur les malheurs communs, et d'en demander à Dieu et aux hommes le prompt apaisement.

Ce sont ces mêmes hommes qui, aujourd'hui, par un dernier effort, s'adressent à vous, Sire, et osent vous dire :

ARRÊTEZ - VOUS !

Arrêtez-vous !..... Ce n'est pas au nom d'un peuple qu'ils vous en conjurent..... c'est au nom de tous !

Ils ne viennent pas, au nom de la France malheureuse, vous demander la paix : ils n'ont pas qualité pour cela.

Ils viennent, au nom de la Prusse et de la France, également en deuil ; au nom de l'Europe, consternée et appauvrie; au nom du Monde, qui se demande si la civilisation et la primauté de l'Europe ne

(1) Cette lettre a été inserrée dans le *Temps* du 4 septembre et reproduite par une grande partie de la presse française et étrangère.

sont pas un vain mot ; ils viennent, au nom de vous-même, Sire, *au nom de votre parole solennellement donnée à la face des nations;* ils viennent vous dire :

ARRÊTEZ - VOUS !

ARRÊTEZ-VOUS !..... Vous avez déclaré à la Prusse, à la France, à l'Europe, à l'univers, que vous ne faisiez pas la guerre pour attaquer, mais pour vous défendre. Vous avez declaré à la France, à la Prusse, à l'Europe, que vous n'étiez pas en lutte avec la nation française, mais avec le gouvernement de la France, contre lequel votre gouvernement était réduit à en appeler aux armes.

Le gouvernement n'est plus, et vous n'êtes plus attaqué : ne manquez pas à vos engagements.

L'honneur vous en fait une loi. L'humanité, la religion, l'amour de votre patrie et sa véritable grandeur ne vous le commandent pas moins.

Il n'y a pas deux mois, les amis de la paix, en avertissant leurs pays, leur disaient : « La guerre, c'est l'ébranlement et peut-être la chute des trônes. C'est, à coup sûr, le malheur des peuples, la misère, la famine, l'épidémie..... » Ont-ils dit vrai ?

N'ajoutez pas, Sire, à tant de souffrances, n'accroissez pas ces monceaux de morts et ces torrents de sang. Laissez les deux nations meurtries panser trop tard leurs blessures. Et puisque le Monde, pour n'avoir pas suffisamment connu le prix de la paix, a été réduit à apprendre, plus cruellement que jamais, quel est le prix de la guerre, que, du moins, cette expérience, si chèrement achetée, lui profite ; et que, dès maintenant, en voyant des armées victorieuses s'arrêter devant le réveil d'un peuple libre, il puisse dire, pour ne plus se démentir, que l'ère des luttes fratricides est enfin fermée sans rétour.

Pour la Ligue Internationale et Permanente de la Paix,

La Commission exécutive :

FRÉDÉRIC PASSY, *Secrétaire général;*

MARTIN PASCHOUD, *Pasteur ; Président du Consistoire de l'Église réformée de Paris ;*

JOSEPH GARNIER, *Secrétaire perpétuel de la Société d'économie politique, etc.*

V

Le 8 octobre 1870, la lettre suivante a été adressée au Roi
de Prusse.

SIRE,

Au nom des plus grands intérêts de notre peuple et du vôtre;

Au nom du sang répandu et des larmes qui coulent des deux
côtés du Rhin;

Au nom du Dieu de miséricorde, que nous adorons en commun,

Nous prions Votre Majesté de vouloir bien nous accorder l'honneur d'une audience et de nous faire parvenir le sauf-conduit nécessaire.

Suivent les signatures :

De MONSEIGNEUR L'ARCHEVÊQUE DE PARIS;

Du PRÉSIDENT DU CONSISTOIRE DE LA CONFESSION
D'AUGSBOURG;

Du GRAND RABBIN DE FRANCE;

De MM. MARTIN PASCHOUD, *Pasteur de l'Église réformée;*

FRÉDÉRIC PASSY, *Secrétaire général de la Ligue
Internationale et Permanente de la Paix;*

JOSEPH GARNIER.

Cette lettre, par suite de graves circonstances, n'a pu être remise à sa desti-
nation, non plus qu'une lettre ultérieure adressée par M. le pasteur Martin
Paschoud au roi de Prusse.

Ces deux pièces se trouvent encore entre les mains d'un diplomate étranger,
qui avait bien voulu se charger avec le plus grand empressement de les faire
parvenir, mais que les événements ont empêché de réussir dans la mission
qu'il avait acceptée.

SOCIÉTÉ DES AMIS DE LA PAIX

LIGUE INTERNATIONALE ET PERMANENTE DE LA PAIX

TRAVAIL — JUSTICE — ARBITRAGE

Secrétariat, 71, rue des Saints-Pères
Trésoriers, MM. Dollfus, Mieg et Cie, 9, rue Saint-Fiacre

STATUTS

ARTICLE PREMIER.

La SOCIÉTÉ DES AMIS DE LA PAIX (*Ligue Internationale et permanente de la Paix*) a pour objet la propagation et la dé-fense des grands principes d'indépendance des nations, de justice et de respect mutuel, proclamés dans la déclaration collective du 27 mai 1867, principes dont la consécration pratique se trouve dans la substitution de l'ARBITRAGE aux solutions violentes de la guerre.

Elle fait dans ce but, sans distinction de race, de couleur ou de sexe, sans acception de parti ou de religion, appel à toutes les bonnes volontés.

ART. 2.

La *Société* se compose :

   1° De *Membres Fondateurs;*
   2° De *Sociétaires;*
   3° D'*Adhérents.*

ART. 3.

Les *Membres Fondateurs* sont pris parmi ceux qui ont déjà opéré ou opéreront un versement de *cent francs au moins*, au profit de la *Société*. Ils se recrutent eux-mêmes.

ART. 4.

Les *Membres Fondateurs* auront seuls qualité pour recevoir les fonds et pour en disposer, statuer sur les mesures à prendre, ainsi que sur les publications, conférences ou assemblées, en dehors de ce qui est prévu par les présents statuts, et généralement pour agir au nom de la *Société* ainsi que pour répondre de ses actes.

A cet effet, ils se réuniront une fois par trimestre, *au moins*, pour entendre le rapport du Conseil d'Administration chargé de les représenter.

ART. 5.

A la première réunion trimestrielle de chaque année, il sera procédé, par scrutin et à la majorité des membres présents, à la constitution d'un *Conseil d'Administration*, par la nomination d'un Président, de deux Vice-Présidents, d'un Secrétaire, d'un Trésorier et de quinze Membres Délégués.

Ce Conseil sera chargé, sous réserve de l'approbation de l'Assemblée des *Fondateurs*, de toutes les affaires courantes, et se réunira, à cet effet, une fois *au moins* par mois. Il pourra être, dans l'intervalle, représenté par le bureau.

ART. 6.

Pour devenir *Sociétaire*, il faut être admis comme tel par le Conseil d'Administration. Le chiffre de la cotisation annuelle est fixé à *dix francs au moins*, qui devront être versés dans le cours du mois de janvier de chaque année entre les mains du Trésorier de la·*Société*.

Le chiffre de cette cotisation sera réduit de moitié pour les Instituteurs et les Ministres des Cultes.

ART. 7.

Pour être *Adhérent*, il suffit de verser une cotisation annuelle de *un franc* au moins.

ART. 8.

Il y aura tous les ans, dans le premier trimestre, une Assemblée Générale, à laquelle seront invités tous les *Sociétaires* et *Adhérents*. L'Assemblée des *Fondateurs* décidera, selon les circonstances, s'il convient d'y admettre le public.

Cette Assemblée Générale entendra le rapport du Secrétaire et celui du Trésorier, tels qu'ils auront été approuvés par l'Assemblée des *Fondateurs*.

Les *Sociétaires* et *Adhérents* auront droit à un exemplaire de ce Rapport.

ART. 9.

Le Conseil d'Administration pourra, en raison de besoins locaux ou en considération de services rendus, conférer à des *Sociétaires*, tant Français qu'Étrangers, le titre de *Membres Correspondants*. Ce titre sera renouvelé chaque année, lors de la première séance trimestrielle, par la mise à jour des listes.

ART. 10.

Les *Membres Correspondants* pourront être appelés, selon les circonstances, mais avec voix consultative seulement, dans le sein du Conseil d'Administration ou dans l'Assemblée des *Fondateurs*.

ART. 11.

Seront également appelés à ces réunions, avec voix consultative, les Membres des bureaux des Sociétés de la Paix des diverses nations, en relation avec la *Société*, ou leurs délégués; ainsi que les personnes auxquelles, à raison de leurs services, aurait été conféré le titre de *Membres Honoraires*. De ce nombre sont de droit tous les Membres actuels du Comité, tant Français qu'Étrangers, et les signataires de la déclaration constitutive de la *Ligue de la Paix*.

ART. 12.

La durée de la *Société* est illimitée. En cas de dissolution, la liquidation et l'emploi de l'actif seraient déterminés par la réunion des fondateurs, ou, à son défaut, par le Conseil d'Administration.

ART. 13 ET DERNIER.

Toute modification aux présents *Statuts* devra être, sur la proposition de trois Membres au moins, discutée d'abord par le Conseil d'Administration, puis approuvée par l'Assemblée des *Fondateurs*, à la majorité relative des deux tiers des Membres présents. Elle sera, dans le délai d'un mois après son adoption, portée à la connaissance des *Sociétaires* et *Adhérents*, soit par une communication spéciale en Assemblée Générale, soit par circulaire, soit par la voie de la presse.

Paris, le 1er janvier 1872.

Typ. Rouge frères et Cie, rue du Four-Saint-Germain, 43.

www.ingramcontent.com/pod-product-compliance
Lightning Source LLC
Chambersburg PA
CBHW051352050726
47595CB00006B/2524